coleção ◖ ◗ primeiros
155 ◖ ◗ ◖ ◗ passos

Wanderley Codo/Wilson A. Senne

O QUE É CORPO(LATRIA)

editora brasiliense

Copyright © by Wanderley Codo
e Wilson A. Senne, 1985

*Nenhuma parte desta publicação pode ser gravada,
armazenada em sistemas eletrônicos, fotocopiada,
reproduzida por meios mecânicos ou outros quaisquer
sem autorização prévia da editora.*

Primeira edição, 1985
4ª reimpressão, 2004

Revisão: José W. S. Moraes e Teresa C. Romeiro
Capa e ilustrações: Ettore Bottini

Dados Internacionais de Catalogação na Publicação (CIP)
(Câmara Brasileira do Livro, SP, Brasil)

Codo, Wanderley, 1951 -
 O que é Corpo(latria) / Wanderley Codo, Wilson
A. Senne. – São Paulo : Brasiliense, 2004. –
(Coleção primeiros passos ; 155)

 4ª reimpr. da 1. ed. de 1985.
 ISBN 85-11-01155-2

 1. Corpo humano 2. Cultura Física I. Senne,
Wilson A. II. Título. III. Série

04-1335   CDD-302.54

Índices para catálogo sistemático:
1. Corpolatria : Psicologia social   302.54
2. Corpo : Culto : Psicologia social   302.54

editora brasiliense s.a.
Rua Airi, 22 - Tatuapé - CEP 03310-010 - São Paulo - SP
Fone/Fax: (0xx11) 6198-1488
E-mail: brasilienseedit@uol.com.br
www.editorabrasiliense.com.br

livraria brasiliense s.a.
Rua Emília Marengo, 216 - Tatuapé - CEP 03336-000 - São Paulo - SP
Fone/Fax (0xx11) 6675-0188

ÍNDICE

- Introdução 7
- Uma religião 9
- Eu me amo 15
- De onde vem a corpolatria?.......... 26
- Quem faz a corpolatria 36
- A outra alienação 53
- É preciso que as coisas mudem, para que permaneçam sempre iguais 71
- Outro ópio do povo?................ 82
- Indicações para leitura............. 87

INTRODUÇÃO

Vivemos todos conscientes como nunca estivemos da destruição que vem sendo imposta ao nosso corpo. Falamos todos e cada vez mais na necessidade de viver intensamente o prazer: cada um de nós age como que prisioneiro de uma vida que esmaga o corpo.

Tanta é a angústia e tantas são as buscas que se empreendem! O corpo está posto em evidência, urge libertá-lo.

Estranho! Decepcionante! Parece que quanto mais lutamos para descobrir o prazer, mais ele se esconde, quanto mais discutimos e praticamos sexo mais reprimidos nos tornamos. Estaremos em um abismo sem retorno, nada mais resta que o enclausuramento?

Este ensaio se insere no amplo, geral e irrestrito movimento social que busca o encontro do homem com seu corpo, a redescoberta do prazer, em uma palavra, o reencontro do homem consigo mesmo.

UMA RELIGIÃO

Nunca se falou tanto do corpo como hoje, nunca se falará tanto dele como amanhã. Um novo dia basta para que se inaugure outra academia de ginástica, alongamento, musculação; publiquem-se novos livros voltados ao autoconhecimento do corpo, descubram-se e destruam-se novos preconceitos quanto à sexualidade, outras práticas de saúde alternativas, em síntese, vivemos nos últimos anos perante a incontestável re-descoberta do prazer, voltamos todos a dedicar atenção ao nosso próprio corpo.

Definitivamente, cada passo adiante no sentido de recuperar o controle sobre o próprio prazer (nosso eu mais imediato) deve ser preservado, é preciso expulsar o que ainda resta dos tabus contra a virgindade, por exemplo, e deixar fluir a sensualidade tantos anos represada. Por outras palavras, existe um significado transcendente na busca do homem pelo conhecimento do próprio corpo; sua inserção automática na luta pela reapropriação do nosso destino, viveremos melhor quanto maior nossa intimidade com nós mesmos.

Não se trata "apenas" disto.

O corpo do Homem é um corpo no mundo, um corpo concreto.

Neste sentido, a busca de libertação do corpo traz em si uma denúncia e muita perplexidade: que mundo é este que me perdeu de mim? onde não me reconheço, ou seja, não sou?

Eis o significado imanente da re-descoberta do corpo: nossos gestos e, portanto, toda a sedução imiscuída neles se transformou em mercadoria, a soldo apesar de nós mesmos. A única forma de obter lucro na venda do produto é comprar o produtor, a expropriação do gesto produtivo é a forma que a expropriação do produto do trabalho adquire. Ocorre que o gesto é o autor concretizado — sou o que e o como faço: a transformação do meu trabalho em mercadoria se realiza pela ruptura entre eu e o meu próprio corpo.

Senão vejamos:

Parcelas cada vez maiores da população trabalhadora se dedicam a tarefas burocráticas, passam a melhor parte do dia a folhear papéis, bater carimbo, freqüentar reuniões. Esses setores, em sua maioria, produzem o controle da produção alheia, não fazem nada, mas trabalham.

(Não se trata de trabalho improdutivo, mas da produção mediatizada pelo trabalho alheio, um burocrata produz com o gesto do outro.) Um trabalho de onde o corpo deve estar "ausente", os poucos e contidos gestos não pertencem ao produtor.

Encontraremos esse mesmo trabalhador em uma academia de ginástica, movendo freneticamente todos os seus músculos. Cada movimento do bíceps em frente ao espelho é portador de uma denúncia, uma revolta, um reencontro.

Revolta porque o braço se reconcilia com o seu dono, a ação reencontra o autor, é portanto, denúncia da perda do gesto no trabalho, reencontro do Homem consigo mesmo, inda que magicamente. Mesmo a consciência mais ingênua reconhece esse caráter. Pergunte a um ginasta suarento e ele provavelmente lhe dirá que a sua vida "é muito sedentária, é preciso manter o corpo em forma", etc., etc.

Eis uma constatação inelutável. A preocupação com o corpo que vem marcando nosso cotidiano é, em última instância, uma luta pela reapropriação de si mesmo, um protesto contra o caráter alienante do trabalho, um passo a mais em direção à liberdade.

Nada de novo, nada de errado. Ocorre que começamos a assistir a um outro movimento: arquiteta-se uma cosmovisão a partir do próprio umbigo, o corpo e as práticas que visam reconhecê-lo se transformam em panacéia para todos os males, novo elixir capaz de inventar a felicidade.

Paralelamente com a necessária reintegração do corpo, com a urgente revalorização do prazer, se estrutura um verdadeiro CULTO ao corpo, em tudo análogo a qualquer religião, dogmática e idólatra como soem ser as religiões, em uma palavra, assistimos hoje ao surgimento de um novo universo mágico: A CORPOLATRIA.

Repare:

Uma religião carece de MILAGRES, a Corpolatria tem milhares a oferecer: o sexo liberta-se dos preconceitos, "Conhece-te a ti mesmo" (máxima que nos persegue desde Sócrates) está à disposição na livraria da esquina. A cura de qualquer doença depende apenas da escolha da hortaliça certa para o sintoma certo, ou nem isso, do toque correto no ponto correto do dedão do pé esquerdo. Se tudo isto não lhe bastar, tenha um pouco de paciência que os milagreiros da corpolatria estão atentos, logo descobrirão um novo gingado de quadris capaz de alcançar o Nirvana.

Na religião, milagre exige sacrifício, e a Corpolatria não pode deixar por menos; se quiser alcançar a graça pretendida, você terá de se submeter a PENITÊNCIAS: suar horas seguidas diante do espelho, estirar os músculos sem gemer de dor, emplastar os cabelos com vaselina colorida e continuar sorrindo, mastigar cem vezes (nunca

99 ou 101) um arroz duro e insosso, jejuar, ficar excitadíssimo à beira do orgasmo ao contemplar a foto colorida de uma mulher gorda e feia *in felatio* com um jumento. Basta, pois nem os cristãos foram de ferro.

A Corpolatria dispõe de TEMPLOS, como soe acontecer com as religiões, e também de ADEPTOS aos milhares, todos devidamente a caráter; uns de tênis e *shorts* "OP", outros de bata indiana e calças anchas, tudo depende da seita. Na nova religião só não existem os santos: por se desenvolver no meio urbano, a Corpolatria carece ser ágil, optando por dotar os templos com muitos espelhos, pois assim se fundem os objetos e os santos e se difunde a crença, cada adepto é ao mesmo tempo *seu próprio* Santo, "democraticamente".

Não lhe faltam ORÁCULOS, em sua maioria importados do Oriente, outros recém-expulsos das hostes científicas, ou transplantados do mundo antigo.

Já podemos ir direto ao assunto. Conheça alguns dogmas da Corpolatria:

I. "Amar a si mesmo sobre todas as coisas"
II. "Ninguém vai ao Homem senão pelo Corpo"
III. "O Prazer é o caminho, a verdade e a (única) vida"
IV. "Bem-aventurados os que amam a si próprios, porque deles será o Reino dos

Céus"
V. "O Corpo é Onipresente e Onisciente"
VI. "Expulsar os Vendilhões..."

EU ME AMO...

"Amar a si mesmo sobre todas as coisas."

A marca mais evidente da corpolatria é o narcisismo. Curiosamente, na época de Freud os psiquiatras consideravam o culto excessivo à própria imagem como uma doença; hoje, além de perder o caráter patológico, passou a significar sinônimo de bem-estar consigo mesmo.

Proliferam casas de cultura física. Os nomes variam semanalmente: musculação, ginástica aeróbica, halterofilismo, *jazz*, são tantas as variantes que a lista sempre comete injustiças. Os pressupostos podem variar, mas apontam em uma única direção: trata-se de estar bem consigo mesmo. Tudo se passa como se o bem-estar pessoal dependesse senão de forma exclusiva, pelo menos prioritariamente de um modelo espartano de homem. A publicidade apresenta sinais evidentes dessa relação: apenas como exemplo vale a pena prestar atenção nas propagandas de cigarros. Algum tempo atrás, o sucesso que as companhias insistiam em associar **pavlovianamente** à nicotina era representado pela conquista de mulheres bonitas, esculturais. Hoje, o mesmo sucesso aparece ligado a esportes, foi o fumante que se tornou escultural e não mais a sua presa.

Roberto Carlos encantou nossa geração com o beijo roubado no cinema, "todo mundo olhou me condenando só porque eu estava amando". O mesmo Roberto Carlos arranca os mesmos suspiros ao falar da concatenação geométrica entre o côncavo e o convexo no corpo dos amantes... Os Beatles transformaram-se em símbolo gritando "She loves you". O Ultraje a Rigor hoje identifica a juventude com um "Eu me amo". Um homossexual dos velhos tempos poderia no máximo assumir alguns trejeitos, mantendo absoluta restrição a respeito de sua vida íntima. Um travesti como Rogéria esconderia durante muito tempo sua identidade masculina; hoje, qualquer esquina providencia clínicas especializadas onde o freguês pode prover-se de seios que fariam Raquel Welch morrer de inveja. Qualquer jornaleco ou revista "erótica" é pródigo em anúncios que garantem que seu pênis terá o tamanho desejável — *mutatis mutantis*, seios ou nádegas.

O que é Corpo(latria) 17

Na explosão sexual contemporânea, o Outro parece apenas estar de passagem, quando não atrapalha...

Roberta Close é guindado ao posto de símbolo sexual.

A moda apresenta à sua maneira reflexos do narcisismo; o modelo padrão da juventude deixou de ser um rapaz com os cabelos longos e desgrenhados, costas curvadas, calça velha, azul e desbotada. Hoje a juventude mais badalada é o tipo *cool chic* — cabelos cuidadosamente aparados, músculos salientes, *blazer* branco, muito brilho, muito realce. Arrogante e sedutor, o corte da roupa é escolhido de modo a ressaltar as formas do corpo, cores claras contrastando com a pele bronzeada.

A arte repõe modelos onde a expressão corporal se torna fundamental, substituindo por vezes a palavra. No teatro valoriza-se o laboratório onde as emoções e sentimentos são incorporados fisicamente e o texto é relegado para um plano secundário, quando existe. O requisito poético quase abandonou a MPB contemporânea; importam muito mais o ritmo, a dança, do que a letra ou o virtuosismo dos arranjos. Tudo isso é limpado da música como se fosse atrapalhar a dança, que por sua vez radicaliza a auto-exibição sensual; as pessoas quase não se tocam, as danceterias são decoradas com espelhos, muito movimento.

Por mais vastas e abrangentes que se apresentem estas tendências, não se esgotam aqui as preocupações com o corpo. A saúde tem recebido numerosas contribuições (algumas são sérias, outras se aproximam do charlatanismo) todas valorizando práticas alternativas que condicionam o bem-estar do sujeito à autopercepção de si, autoconhecimento, como se nada além da auto-imagem merecesse atenção no mundo. Veja a expressão corporal, a bioenergética, a psicodança, de certa maneira também todas as variantes da ioga, os banhos como forma psicoterapêutica ou saúde fisiológica, saunas, massagens, terapias respiratórias ... A lista é interminável. O que se busca é conduzir o cliente a uma observação intensa e extensa da própria imagem no espelho. As técnicas e teorias tendem a diminuir a importância da palavra e aumentar concomitantemente a importância da intervenção sobre o corpo. Qualquer uma dessas psicoterapias, como aliás é quase maldição em psicologia, defronta-se com o problema da chamada integração corpo-mente (holismo). A novidade é que o holismo que qualquer psicologia pretende é atingido nessas práticas a partir do próprio corpo.

Ainda resta lembrar uma verdadeira explosão da sexualidade. Nunca a denúncia da repressão sexual ocupou com tal ênfase o centro da arena. Há quem afirme que a única libertação possível é exatamente a sexual. Para qualquer público, com qualquer nível cultural, há sempre no mercado uma vasta literatura a respeito do tema, desde o *boom* pornográfico no cinema, na literatura, nas revistas de entretenimento até as psicoterapias de origens mais diversas. Alguns mais afoitos consideram que estamos em curso de uma plena revolução sexual. A virgindade execrada, o amor livre comemorado, valorização da relação efêmera, não há limites na defesa das opções sexuais. O único objetivo é o prazer, não importam as formas que levem à sua realização.

Até aqui, quase tudo bem. O problema é que a sexualidade se apresenta auto-orientada, diante do espelho, narcísica. Na pornografia, o caráter dessa sexualidade revela seu norte: o prazer é absolutamente individual, masturbatório. Mesmo a pornochique tipo Relatório Hite é pródiga na ênfase clitorial, ao falar de mulheres, e no onanismo *tout court* ao se referir a homens. São incontáveis os manuais de auto-reconhecimento do corpo, não faltando recomendações ao uso de vibradores, bonecas infláveis, pênis artificiais de todos os tamanhos e cores, etc., etc., etc.

Na explosão sexual contemporânea, o Outro parece apenas estar de passagem, quando não atrapalha.

Impossível observar essas manifestações sem lembrar Freud. "O indivíduo toma como objeto sexual seu próprio corpo e o contempla com agrado, o acaricia e o beija até chegar à satisfação." É assim que ele caracteriza o narcisismo, como uma patologia que hoje tornou-se ideologia. Por ora urge reconhecer que estamos num terreno em que a valorização do corpo, saudável *a priori*, aparece sob forma nitidamente individualista. Exercícios físicos sempre houve; o futebol no Brasil é o exemplo mais claro. Curiosamente, hoje se observa um declínio no futebol, paralelamente à ascensão das academias de ginástica; o que mudou é exatamente o caráter individualizado da segunda. Na arte, na moda, sempre houve movimentos exóticos, mas nunca se ressaltou tanto a contribuição e/ou o objetivo individual. Eis a principal característica da corpolatria: sempre ressalta um corpo — o meu.

Espelho, espelho meu, haverá alguém mais bonito, mais importante do que eu... aliás, existe mais alguém?

O bicho dentro do homem

Nem só de narcisismo e individualismo se alimenta a corpolatria. Há um outro pressuposto que a representa de modo indiscutível: existe um animal urrando dentro do homem, ansioso por liberdade. Na bioenergética, talvez por ser uma das manifestações mais bem-acabadas do fenômeno que analisamos, essa afirmação transparece. Deixemos que Alexander Lowen, um dos papas dessa teoria, fale por si.

A bioenergética "é uma técnica terapêutica que ajuda o indivíduo a reencontrar-se com seu corpo e a tirar o mais alto grau de proveito possível da vida que há nele. (...) Na verdade, essas restrições à vida não são imposições voluntárias. Apesar disso, aceitamos tais restrições em nossas vidas pelo simples fato de não as questionarmos e conseqüentemente *traímos nossos corpos.* Nesse processo, destruímos também o ambiente natural do qual nosso corpo depende para o seu bem-estar. (...) O objetivo da Bioenergética é ajudar o indivíduo a retomar sua *natureza primária*, que se constitui na sua convicção de ser livre, seu estado de ser gracioso e sua qualidade de ser belo. A liberdade, a graça e a beleza são atributos naturais a qualquer *organismo animal*. A liberdade é a ausência de qualquer restrição ao fluxo de sentimentos e sensações". (grifos nossos)

Da manifestação mais refinada à mais grosseira, as mesmas querelas se repetem. Da pornografia mais onanista às alusões à liberdade total, entrega total aos instintos, animalidade do prazer, sem contar a insistência zoofílica das metáforas "gata no cio", "fêmea", "macho", "cadela", "sexo selvagem", a alusão ao cheiro animal e por aí afora.

Márcia Moura, num "livro" que já está na décima edição, assegura: "Em vida temos dois compromissos básicos: um com a sobrevivência e outro com o prazer. Todas as nossas conquistas são em função do prazer e esse é, justamente, o impulso contra o qual temos de lutar, a fim de mantê-lo 'nos limites' ".

Nos EUA, há pouco tempo, foi realizado um

campeonato de ginástica aeróbica em que uma das finalistas, ao explicar o seu envolvimento tão dedicado à cultura do corpo, dizia textualmente: "Antes eu era apenas um ser humano, agora sou muito mais, um animal".

Uma manifestação mais sutil dos mesmos fenômenos pode ressurgir da análise da saúde que toma uma perspectiva naturalista. A vida saudável é aquela que mais aproxima o homem da terra. A bioenergética, já citada, desenvolveu o princípio do *grounding*: "Todos os pacientes sentiam os pés firmemente plantados no chão. Essa falta correspondia a estar fora da realidade; fazer com que o paciente tenha contato com a realidade, com o solo onde pisa, com seu corpo e sua sexualidade, tornou-se uma das pedras fundamentais da bioenergética". O próprio Wilhelm Reich, em um determinado momento, chamou a sua intervenção terapêutica de "vegetoterapia". Tratava-se de mobilizar sentimentos e sensações através da ativação de centros vegetativos e "libertar energias vegetativas".

A intervenção prática era eliminar da relação terapêutica a mediação da palavra. Todas as alimentações e jejuns naturais até as terapias e psicoterapias "alternativas" partem da necessidade de reconquista de uma relação homem-natureza entendida sempre como a ausência da mediação social e/ou tecnológica.

Em síntese, estamos diante de uma cosmologia, ainda que tosca: o homem social, socializado, tecnológico, organizado não é o homem real. A sociabilidade, a palavra, a História são imposições ao verdadeiro homem que luta por baixo dessa carapaça para ressurgir. Há um animal dentro de mim, ávido por manifestar-se, impedido pela sociedade e civilização. O Paraíso, a Felicidade, consiste em romper com as amarras que o social impõe e deixar fluir "um homem livre do outro". Mesmo quando o bicho dentro de nós é obrigado a trabalhar, garantir sua sobrevivência, resolver problemas de saúde, a intervenção da natureza é aceita desde que não mediatizada quer pelo semelhante, quer pela tecnologia. A macrobiótica aconselha a cozinhar nossa própria comida e de preferência plantá-la. É como se a natureza bastasse e se locupletasse a si mesma. A face social, racional do homem que carrego apesar dos meus instintos animais deve ser varrida da história. O bicho no homem é bom; a sociedade é que o corrompe.

Márcia Moura com a palavra:

> "O prazer vai estar exatamente em saber: e ter coragem de se abrir perante os sentidos, de 'infringir' as 'normas' do subconsciente e perder a vergonha de se olhar, acariciar e gostar dos outros. Se não sabe despertar nele próprio um toque diferente, agradável — se dar prazer —, como poderá despertar sensações em outra pessoa? São coisas que os homens — e as mulheres — precisam aprender, mas não em livros".

Eis a corpolatria: uma tempestade de manifestações concomitantes, ressaltando ou guindando o corpo ao centro do Universo. Sempre o *meu* corpo, e sempre antagonizado, contraposto à economia, à política, e à civilização.

Orquestra-se um movimento radical com pretensões hegemônicas, inspiração individualista e narcísica em busca de um animal dentro do homem. O esforço parece ser um só: convencer-nos de que somos ou pelo menos deveríamos aspirar a nos tornar um macaco diante do espelho.

DE ONDE VEM A CORPOLATRIA?

> "Ninguém vai ao Homem senão pelo Corpo."

Responder a esta pergunta significa investigar onde e quando o individualismo se firma como doutrina, e a contraposição animal-no-homem/ homem-no-homem, animal/social é sistematizada teoricamente.

Nossas investigações começam no final do século XIX. Toda a obra de Freud parte do mesmo pressuposto. Meus instintos coexistem em conflito com minha sociabilidade; da luta do animal que existe em mim contra o ser que se impõe pela civilização compõe-se o "Eu".

"Há de se defender a cultura contra o indivíduo

e a esta defesa se devem todos os mandamentos, organizações e instituições, as quais têm por objetivo (. . .) proteger contra os impulsos hostis dos homens os meios de domínio da Natureza e a produção de bens (...) Experimentamos assim a impressão de que a civilização é algo que foi imposto a uma maioria contrária a ela por uma minoria que soube apoderar-se dos meios de poder e coerção", afirmava Freud em 1927.

Toda análise da cultura feita pela psicanálise aparece permeada por essas relações. O prazer é a realização do instinto, coartado pelo desenvolvimento da civilização.

Novamente Freud: "À mais antiga das províncias ou instâncias psíquicas chamamos Id: tem por conteúdo todo o hereditário, o inato, constitucionalmente estabelecido, ou seja, sobretudo os instintos originários na organização somática que alcançaram (no Id) uma primeira expressão psíquica, cujas formas ainda desconhecemos. Esta parte arcaica do aparelho psíquico seguirá sendo a mais importante durante a vida inteira. Com ela se iniciou a investigação da Psicanálise. O poderio do Id expressa o verdadeiro objetivo vital do organismo individual: satisfazer suas necessidades inatas".

O que traduzimos por "Id" na obra de Freud corresponde no original, a "Es" — um pronome pessoal de 3ª pessoa, inexistente em português, equivalente ao inglês "it" e ao espanhol "ello", que poderia ser interpretado sem risco de erro etimológico como "um outro não humano". Ao utilizar os pronomes "es", "ello", "it" estamos nos referindo a uma coisa ou animal. Ora, ao estudar o aparelho psíquico, Freud afirma constituir-se de um "eu" — o Ego — um ser na primeira pessoa — e um outro ser animal, o "Id" — 3ª pessoa (inumana) que convive e determina o Ego.

Para Freud, podemos comparar o eu, "em sua relação com o Id, ao cavaleiro que dirige e freia a força de sua cavalgadura, superior à sua (...) Mas assim como o cavaleiro se vê obrigado vez por outra a deixar-se conduzir para onde seu cavalo quer, também o eu se mostra forçado em algumas ocasiões a transformar em ação a vontade do Id (Ello), *como se fosse a sua própria*". (grifos nossos)

Os ideólogos do corpo contentaram-se em reproduzir com coloridos mais ou menos libertários essa mesma idéia. Vide Lowen, o bioenergético citado páginas atrás, em um livro de 1975 onde se propõe a fundar uma nova ciência.

Mas dizíamos que a existência dicotomizada do animal no homem não era o único princípio que norteava a corpolatria, mas também a preocupação exclusiva com o indivíduo.

A época de Freud assistiu ao surgimento da psicanálise e ao surgimento de toda a psicologia — a preocupação com o indivíduo assumiu pela primeira vez o *status* científico. Em 1981 nos preocupávamos com a história da psicologia e escrevemos o seguinte:

> "A psicologia surgiu num período que poderia ser delimitado grosseiramente entre 1880 e 1920, com os primeiros trabalhos de William James (1875), Dewey (1887), Ebbinghaus (1880), Pavlov (1900), Watson (1912), Kohler (1912), Wertheimer e Kofka (1910-1912), Freud (1880-1890).
>
> Não se trata do início da reflexão sobre o homem, pois esta tarefa era exercida pela filosofia desde Aristóteles; trata-se de transformar a reflexão sobre o homem em ciência.
>
> Filosofia é sof(i)a, amigo, amizade, envolve relação íntima, promiscuidade, identificação; ciência é apropriação, afastamento, é objetiva, refere-se ao objeto e, portanto, o diferencia do sujeito. A preocupação do homem para consigo mesmo sempre existiu, no entanto a Psicologia foi uma das últimas a se constituir como ramo científico independente. Ou seja, a história demorou a exigir que o conhecimento científico do homem se afastasse dele mesmo, se objetivasse".

Wilhelm Reich, contemporâneo de Freud, aceito e expulso dos círculos da psicanálise, ainda é hoje considerado como o inspirador maior da corpolatria. Seu rompimento com esta escola não se deu por tomar o indivíduo com menos importância nem muito menos por negar a dicotomia animal-homem dentro de nós. Ao contrário, Reich encantara-se, com Marx, aprendeu as mazelas que o Capital impõe ao indivíduo, não poderia pautar sua obra pelo respeito à ordem social, seu caráter preservador da cultura, como queria Freud em *Futuro de uma Ilusão*.

Em Reich, a psicanálise é uma "reação às condições culturais e morais em que vive o Homem social", "uma tomada de consciência da repressão sexual *social*". (grifos nossos)

A sociedade continua sendo a responsável pela coerção dos instintos do Homem. O que há de novo é que a moral burguesa não pode conviver com ela, passa-se a empunhar a psicanálise como uma arma que, "aplicada na prática ao indivíduo, destrói a religião, a ideologia sexual burguesa e liberta a sexualidade".

Estamos nos primórdios da corpolatria. Já se destaca, a ponto de inventar uma ciência, a preocupação extremada com o indivíduo, seus sentimentos, sua liberdade. Freud sistematizou a cisão entre os dois seres dentro de nós: um animal, ávido por realizar seus desejos, e um outro, produto da sociabilidade, escravizando o prazer em troca da cultura. Reich denuncia o caráter repressivo do trabalho, da sociabilidade. Ora, em que momento histórico estamos? A qual sociabilidade os autores estão se referindo? O que acontece com a economia?

Estamos vivendo a Revolução Industrial ou Revolução Burguesa. Muda radicalmente a organização do trabalho: outro sistema, outras idéias, outra moral. É preciso que nos detenhamos um pouco aqui.

As engrenagens sociais passam a ser outras, marcadas pelo Capital. Os homens se dividem entre os trabalhadores que vendem a força de trabalho e os donos dos meios de produção — os capitalistas. O surgimento do operariado enquanto classe, a hegemonia política do Capital, só pode se desenvolver baseada na seguinte contradição: de um lado, para que o trabalho pudesse ser comprado, era necessário que o trabalhador fosse livre, era preciso destruir o feudalismo, ou seja, a posse do indivíduo e transformá-la em coisa totalmente distinta, *a posse do trabalho*. "Liberdade, Igualdade, Fraternidade." Tomar o trabalho e pagar por ele pressupõe um homem livre e consciente de suas ações. Antes a classe exploradora possuía o sujeito que explorava como propriedade; se acaso um senhor feudal perdesse parte da terra, iriam com ela seus servos também, os homens eram os meios de produção e por isso estavam possuídos pelo dono da riqueza.

Sob o modo de produção feudal, os trabalhadores estavam presos à terra e ao domínio dos nobres. Ao mesmo tempo, de posse dos meios de produção, garantem sua sobrevivência independentemente das trocas que ali assumiram caráter secundário.

No capitalismo as coisas são diferentes. Foi preciso libertar os trabalhadores da terra, ou seja, despojá-los, para que se tornassem duplamente dependentes do capital: de um lado, "livres" para vender sua força de trabalho, de outro, subordinados ao comércio de produtos necessários à sua sobrevivência. O comércio passa a ser essencial, e com ele a liberdade de consumo.

Em síntese, o homem do capitalismo passou a ter duas vidas, se apresenta como um cidadão livre e ao mesmo tempo tem seu trabalho expropriado. Livre por uma parte, escravo por outra.

Eis o duplo homem que aparece em Freud, pois quando escravizamos o homem no trabalho e o libertamos para o consumo, estamos na verdade tomando o que ele tem de humano e liberando o que ele tem de animal. Marx, nos *Manuscritos*, já apontava que, sob o Capital, o homem se sente animal ao exercer suas atividades especificamente humanas — seu trabalho — e humano quando exerce funções comuns a qualquer animal — comer, dormir, fornicar.

Observamos o cotidiano: durante 10 horas por dia o homem está dedicado ao seu trabalho, ali entra em contato com a sociedade, os outros homens, o grau de desenvolvimento tecnológico que o seu momento histórico permite; é um transformador do mundo, impõe à natureza os seus desejos. Sua atividade no trabalho é o que o distingue de um animal: ao fazer, faz enquanto homem, desenvolve-se, cria, aprende. Ao sair do trabalho, no pouco tempo que lhe resta, ocupa-se em recuperar as energias — comer, dormir, reproduzir e, se sobrar algum tempo, brincar. Nestas atividades é impossível distinguir um rato de um homem.

Eis uma inversão inédita até agora na história; ao ser um homem nos sentimos roubados, nossa hominização não nos pertence, foi comprada pelo Capital. Ao ser um animal, somos livres, donos do próprio desejo.

Retornemos à questão inicial: que homem poderia aparecer no divã de Freud senão alguém sequioso, ansioso, ávido por livrar-se de sua sociabilidade, gozar até o último instante o prazer da animalização? Não se trata apenas de destruir a repressão sexual dos sistemas anteriores; é preciso redescobrir o animal como fonte de prazer. A busca de si se transforma na negação de si. Ao hominizar o homem, o trabalho expropriado o animalizou, nada mais coerente do que um paciente da psicanálise reivindicar para si o animal — única instância em que reina a liberdade.

No capitalismo, "foge-se do trabalho como o diabo foge da cruz", dizia Marx; acrescentamos nós: pela via da psicanálise.

Em outras palavras, Reich ouviu o galo cantar mas não pode enxergar o poleiro. É verdade que é preciso inserir a psicanálise e/ou — qualquer outra ciência no modo de produção específico onde ela se desenvolve, sem o que ela se transforma em metafísica. *Ocorre que o caráter moral repressivo não é a gênese das mazelas que o Capital promove no indivíduo, mas exatamente a alienação*, rompimento imposto entre o homem e o seu produto, ou seja, ao vender o próprio trabalho o homem se perde do outro, se encontra sitiado dentro de si mesmo, obrigado a buscar prazer no animal que inventa fora da fábrica: é neste homem perdido consigo mesmo que a psicanálise encontra amparo. Ao repor criticamente a psicanálise, mantendo inalterado o seu pressuposto fundamental, Reich corre o risco (como de fato a história veio a demonstrar) de tomar a aparência pela essência e radicalizar a esquizofrenia dentro do homem que sempre se dedicou a combater.

Não é esta a grande bandeira da corpolatria de hoje? Não se propõem todos os teóricos do corpo a encontrar no animal, no prazer biológico as razões da felicidade? Não é exatamente Reich quem os inspira?

Como já dissemos, a diferença entre um jogo de futebol e a ginástica aeróbica é o caráter solitário, individualizante, da segunda. No esporte, o homem reinventa a sociabilidade, fornece a ela um caráter lúdico, que o trabalho roubou da ação. Nos exercícios solitários diante do espelho reinventamos a solidão que o trabalho alienado impôs. *Mutatis mutantis*, o mesmo ocorre com a sensualidade. O trabalho, se livre, ocupa todos os poros do cidadão que o realiza, incluindo a sexualidade; veja um artista, por exemplo, quando acidentalmente consegue formas de subsistência sem que para isso tenha que vender a consciência. Sua sensualidade emana a cada gesto, em síntese nada mais prazeroso que a criação, impor ao mundo o meu jeito de ser. A sexualidade pornografada, a masturbação que se tornou mercadoria é o avesso da sensualidade, ao invés da criação, tédio; a solidão que se diverte consigo mesma.

Se é verdade que o reconhecimento dos limites do próprio corpo é fundamental para a saúde mental, não menos verdade que o braço se reconhece quando age, e não quando imita a ação em frente ao espelho. Sem dúvida não nos reencontraremos conosco se continuarmos em busca de um prazer descolado do nosso próprio trabalho. O trabalho alienado inventou e abusa do arremedo do gesto, falsa criação de um falso homem. Não precisamos da ginástica aeróbica para perpetuar a hipocrisia, precisamos sim, e urgentemente, é de retomar o nosso braço ali onde ele se perdeu, dentro do trabalho contemporâneo.

QUEM FAZ A CORPOLATRIA

> "O prazer é o caminho, a verdade e a (única) vida."

É impossível compreender o lazer sem compreender o trabalho. Mesmo o senso comum se refere a ele como *repouso*, ou seja, como o outro do trabalho, isto é, o que fazemos quando não estamos trabalhando. Ocorre que o lazer apresenta ao mesmo tempo uma relação de oposição e de simetria com o trabalho ou talvez uma oposição real, que se manifesta por uma aparente simetria. Alguns exemplos devem esclarecer essa relação: é muito comum o intelectual alternar o seu trabalho com uma partida de xadrez, ou ainda o estudante nas horas de folga montar um grupo de teatro, estudar textos, organizar a apresentação, ensaiar. Essa primeira observação suscita o adágio "descansar carregando pedras", ou seja, uma atividade semelhante ao trabalho desenvolvida na "negação" dele.

Se olharmos mais de perto, a semelhança aparente revela que o intelectual ou o estudante estão exercendo atividades nas quais o controle pertence a ele; ao fazer teatro sou eu quem escolhe a peça, quem caracteriza os personagens, faço o que desejo e não o que o professor exige de mim.

O trabalho se espalha para fora de si mesmo, impõe o lazer como o seu outro, obriga o lazer a reinventá-lo.

Portanto, se quisermos entender as razões do culto ao corpo, seremos obrigados a rever a organização do trabalho em nossa sociedade. Eis a digressão que se impõe: como os homens de hoje organizam seu trabalho e como esse lazer se apresenta como espelho incondicional, inevitável.

Não se encontra um operário da construção civil fazendo *cooper* ou freqüentando uma academia de ginástica aeróbica. Os analistas mais afoitos poderiam alegar razões de ordem financeira ou cultural para isso: o operário não tem tempo ou dinheiro para tais luxos. As coisas não são tão simples assim; basta constatar que o burguês propriamente dito, ou seja, o dono dos meios de produção, o industrial, também não é o cliente preferencial da cultura do corpo. Poderemos encontrá-lo num jogo de golfe ou tênis, raramente suando no Ibirapuera.

Essas duas classes são fundamentais na sociedade capitalista. De um lado, o operário fabricando o cotidiano; do outro, o capitalista determinando o trabalho alheio. Porque são fundamentais compõem a face da sociedade, a definem e a representam a um só tempo.

Estamos vivendo sob a égide da mercadoria, ou seja, o trabalho é expropriado através da posse dos meios de produção e conseqüentemente da venda da força de trabalho. Romperam-se os elos entre quem faz e quem manda, entre o produto e o produtor. Quem produz não tem e quem tem não produz.

O ciclo do trabalho está manifesto nos versos de Chico Buarque e Milton Nascimento:

"Debulhar o trigo
Recolher cada bago do trigo
Forjar no trigo o milagre do pão
E se fartar de pão". ("O cio da terra")

O homem forja a terra em pão e vive se forjando no mesmo movimento. Hoje, quem come pão nunca viu o trigo e quem doma o trigo mal tem acesso ao pão. O gesto de mudar o mundo foi divorciado do direito de possuí-lo. Estamos falando em *Alienação.*

O fato de o trabalhador ser expropriado nesta relação não significa que seja o único alienado nela.

O que é Corpo(latria)   39

*Em suas horas de folga, como o nosso
subgerente se reencontra?*

O primeiro perde a posse do que realiza; o segundo, porque expropriou o trabalho alheio, se encontra roubado do ato de produzir, se lambuza de mel sem ter visto a abelha. Como o lazer se espelha nesta relação de trabalho?

O operário se diverte produzindo valor de uso, vive procurando o que consertar em casa, orgulha-se de sua habilidade (nunca chamaria um técnico para consertar o **chuveiro**) organiza-se para o carnaval, para o futebol, repõe o controle que perdeu no trabalho através dos instrumentos que tem — a arte da produção, do saber fazer.

O patrão sempre se apropria: coleciona antiguidades, compra quadros, patrocina artistas, ou seja, toma para si a história do mundo. Vai a um restaurante, de preferência aquele que tenha mais pessoas à sua disposição, tudo devidamente ritualizado, nos uniformes e nas mesuras do *maître,* na polidez do leão-de-chácara, enfim, o prazer está na submissão do outro ao seu estômago. No jogo de tênis humilha o adversário com a *performance* e, se isso não for possível, com a raquete importada. Em uma palavra, o lazer é filho do trabalho. Descansa carregando pedras, no lazer reproduz seu modo de ser, porque reinventa o trabalho.

E o nosso herói suarento? De que classe vem?

A resposta é simples. Basta visitar qualquer academia da moda e encontraremos lá burocratas do setor privado ou público (gerentes, assessores, secretários, enfim, *white collars*) esposas que dispõem de empregadas encarregadas de lavar a louça e cuidar dos filhos enquanto elas fazem ginástica, e estudantes, principalmente universitários.

Tomemos mais detalhadamente cada um desses setores e vejamos o que têm em comum.

O burocrata

Que seja o subgerente adjunto de uma indústria qualquer. Passa o dia sentado a uma mesa, dentro de uma sala 4x4, ar condicionado, secretária, cafezinho, FM, telefones. É um profissional da conversa, vive em reuniões, agenda sempre cheia, quase sem tempo pra almoçar, enfim, o próprio executivo moderno. Qualquer sociólogo de fundo de quintal, ao encontrá-lo em uma academia de musculação, diria que se trata de uma compensação por esta vida urbana, sedentária, tão antinatural. Vejamos de fato qual é sua classe social, ou seja, qual o lugar que ocupa nas relações de produção, do que se apropria e do que é expropriado.

Subordina pessoas — assessores, escriturários, secretária, copeira e principalmente os operários da produção. Todos lhe devem reverências, respeitam seus caprichos, orientam-se por suas ordens. Mas repare que ao final das contas não é ele quem manda, pois também recebe um salário, para fazer cumprir os ritos e prioridades que não são suas.

Em uma palavra, não detém os meios de produção, não se representa nem como vítima nem como proprietário do lucro, muito menos pode ostentar a habilidade das mãos ou prepotência da posse. É um trabalhador, *pero no mucho*, e um patrão, *pero no mucho*, sem se realizar quer como realizador, quer como apropriador.

Em suas horas de folga (de "estafa", na linguagem do executivo) como o nosso subgerente se reencontra consigo mesmo?

Cooper, musculação, massagens, saunas. O que caracteriza todas essas atividades é o cuidado com a estética, com a postura, procurando uma aparência saudável e atlética, enfim, fundamentalmente, narcisismo. Afora a cultuação física, resta bem pouco além de uma extenuante preocupação com sexo. As revistas que consome (*Playboy, Ele/Ela, Status, International*) vêm recheadas de contos eróticos, "experiências sexuais verídicas", caixas postais para encontros, *ménages*, S/M, guia de motéis, ensaios fotográficos ginecológicos, *sex-shopping*. O fato é que o sexo sempre se apresenta objetivado, como mercadoria, algo mais próximo da masturbação do que do encontro. Também é o caso das casas de massagens "Relax for Men" e a ampla variedade de opções relacionadas.

Outras formas, mesmo núcleo. De novo, um erotismo exacerbado e auto-orientado. Tudo se passa como se o pênis fosse o centro do universo — veja-se a preocupação em aumentá-lo de tamanho. *Pari passu* com a busca do prazer, do "homem total", aparece de forma **escandalosa** a animalização, expressa nitidamente na pornografia que consome, "o macho à procura da fêmea no cio".

Viemos da constatação de que o executivo ocupa uma posição nas relações de produção muito peculiar. Não se exerce como quem produz nem como quem se apropria da produção; frisamos sua posição de cliente preferencial da indústria do corpo, alvo do *boom* pornográfico. Se todo trabalho impõe um lazer, por que esse trabalho resulta em um prazer nacisista?

Ora, o sistema capitalista, ao engendrar a alienação, condena os indivíduos à semi-realização: ou produz e tem dificultado o acesso ao produto (como é o caso do operário), ou se realiza pelo consumo desvairado, ou face da expropriação (no caso do capitalista).

Para o nosso executivo, as duas vias são problemáticas; não é dono do gesto do trabalhador nem da fábrica. Não se enxerga no espelho como um transformador do mundo, nem pelas mãos nem pelo capital.

Para o trabalhador, o outro se apresenta acessível pela via da transformação do mundo, exteriorização de si pelo trabalho. Quando um operário produz uma cadeira, apesar da alienação, submete o mundo à sua imagem e semelhança; a cadeira aparece ao outro homem como uma exteriorização de si, isto é, o contato entre os homens se faz mediar pela produção.

No caso do capitalista, o acesso ao outro se encontra mediado pelo valor. Ao acumular dinheiro, em última instância acumula trabalho alheio, história, relações sociais, humanas. Fetichizadas sim, mas ainda humanas.

O nosso executivo se defronta com essas duas vias de realização e identificação com o outro obstruídas. Não se exterioriza na posse ou no trabalho. *Portanto, se interioriza*, só restando o próprio umbigo, o culto ao corpo, ao prazer, o hedonismo e o narcisismo. Onde encontrar a **síntese** da *produção* e do *consumo* que lhe falta no escritório? Como realizar a apropriação que lhe escapa das mãos? O que transformar sem ferramentas? A pergunta é uma só: *qual o produto disponível no mercado capaz de sintetizar em um só espaço psicológico a ânsia por produção e consumo?*

A resposta também é uma só: *resta o culto ao próprio corpo*.

Ao freqüentar uma academia de ginástica ou um "Relax for Men", o indivíduo consome produtos sofisticados "para executivos", capazes de ensaiar a apropriação do outro, e todas as atenções cercam o cliente para satisfazer suas preferências pessoais. O quase-patrão embutido nele satisfaz assim os desejos. Ao mesmo tempo produz a si mesmo, síntese mágica de ferramenta e matéria-prima, realizando a transformação possível com o único objeto que tem à disposição — ele mesmo. O quase-trabalhador aqui, pudicamente, encontra seu alvo, reinventa a natureza que lhe é inacessível na fábrica.

Produção e consumo magicamente sintetizados em um só ato. Será assim que poderemos compreender porque um "jovem executivo" paga os olhos da cara numa academia de musculação para ter o direito de sofrer.

A patroa

A mulher encontradiça nas casas de massagem ocupa uma situação particular, pois não é propriamente a dona-de-casa; esta lava e cozinha, cuida dos filhos, não tem tempo e muito menos disposição para cuidar da estética numa academia especializada. Não é também a mulher trabalhadeira, pois esta, como a empregada doméstica, gasta suas energias de forma produtiva. A freqüentadora assídua desses lugares é a mulher que gerencia as empregadas domésticas; tem filhos mas não se aborrece com eles, apenas os exibe; oferece jantares mas não cozinha, veste-se bem mas não lava a roupa, ostenta garbosamente sua residência, seus filhos, suas roupas, mas não suja as mãos.

Estamos falando de uma verdadeira executiva

do lar. Sua atividade, sua classe social, suas representações em nada a diferenciam do executivo que acabamos de analisar: mesmas contradições, mesmo trabalho, mesmo lazer. Não há nada a acrescentar ao que temos dito.

O estudante

O estudante, particularmente o universitário, é duplamente candidato a cliente da corpolatria. Advindo de classes médias em boa parte, o que o submete às mesmas contradições que vínhamos analisando, não se insere como patrão ou empregado e por outro lado, enquanto contingente de classe enviado a uma formação superior, encontra sua identidade definida por uma não intervenção social. O estudante é o seu futuro, promessa de ocupação de um lugar destacado nas relações sociais. Sua responsabilidade é desde o primeiro momento para consigo mesmo, o que faz do narcisismo e do individualismo uma tentação ainda mais irrecusável.

E a corpolatria nas suas mais variadas expressões tem encontrado dentro dos muros da universidade um mercado particularmente fértil.

Proliferam os cursos de ioga, ta-i-chin, do-in, e tantos outros gurus aparecem. Igual receptividade encontram as diversas técnicas de expressão corporal, bioenergética e quaisquer outras que prometam um melhor reconhecimento do corpo. Do ponto de vista teórico, Reich foi ressuscitado, pode ser encontrado em qualquer república, discutido em qualquer botequim. A perspectiva é sempre a mesma, urge conhecer melhor a si mesmo, explorar os próprios limites, encontrar um equilíbrio consigo, enfim, um verdadeiro festival de contemplação do próprio umbigo.

Do ponto de vista da sexualidade *stricto sensu*, a mesma obsessão que observamos no executivo se reencontra no estudante e pelas mesmas razões. Evidentemente, não consome revistas eróticas de tão baixo nível (pelo menos às claras). Ao invés de *porno-shops*, o Relatório Hite e outras publicações pseudocientíficas a respeito do tema. Em outras palavras, a masturbação é embrulhada em dezenas de palavras mais complicadas, mas nem por isso menos onipresentes.

A universidade é o templo da palavra, ali a corpolatria se sofistica, esconde sua face em um emaranhado ideológico capaz de vender gato por lebre.

Apesar da crise endêmica na universidade, ou talvez até graças a ela, o estudante cultiva o saudável hábito do protesto. O problema é que o caráter destas manifestações sofreu uma alteração de rota bastante significativa: alguns anos atrás, os universitários participavam ativamente dos destinos do país — veja-se a campanha "O petróleo é nosso", onde a UNE ocupou papel proeminente na criação da PETROBRÁS.

E hoje?

Toda a energia contestadora se dispersa em problemas menores, utiliza-se de metralhadoras para a caça de colibris. Um exemplo: armou-se um exército de combate contra o "autoritarismo" na sala de aula, os professores assumem, nessa fraseologia, o papel de algozes arbitrários.

Na universidade o engodo assume um revestimento teórico. Rubem Alves tem fundamentado a luta contra a repressão em sala de aula. Em um de seus livros (*Estórias de quem gosta de ensinar*), o autor afirma: "Gosto de estórias porque elas dizem com poucas palavras aquilo que as análises dizem de forma complicada". Concordamos perfeitamente com ele, utilizaremos uma de suas fábulas criadas nesse livro.

"O Rei Leão, nobre cavalheiro, resolveu que nenhum de seus súditos haveria de morrer na ignorância (. . .) Convocou o Urubu, companheiro de referências, para assumir a responsabilidade de organizar e redigir a cruzada do saber (. . .) Questão de currículo (. . .) os pensamentos dos urubus eram os mais verdadeiros (. . .) O canto dos urubus era o mais bonito. Começaram as aulas, todo mundo entendia, só que o corpo rejeitava (. . .) Por mais que fizessem ordem-unida para aprender o gingado do urubu, bastava que se pilhassem fora da escola para que voltassem todos aos velhos e detestáveis hábitos de andar (. . .) e Todos comentavam sem entender: 'A educação vai muito mal'."

O autor comenta:

"É que o corpo tem razões que a didática ignora". "Fora com a coisa que violenta o corpo." "Para educar bem-te-vi é preciso gostar de bem-te-vi, respeitar o seu gosto, não ter projeto de transformá-lo em urubu."

Não nos cabe discutir neste espaço a concepção pedagógica extraída de Rubem Alves, o debate na área tem sido intenso e poderíamos aqui contribuir muito pouco. São as implicações do ponto de vista da corpolatria que nos interessam e, nesse aspecto, o texto é de uma clareza meridiana.

O autor é particularmente feliz ao descrever o que temos identificado como o medo maior que assola o estudante universitário de hoje, responsável por grande parte de sua conduta. Há uma verdadeira paranóia quanto à perda de identidade; qualquer sinal de ameaça à individualidade é combatido com uma energia rara na universidade, hoje. Desenvolve-se uma perseguição incansável, heróica, angustiada de decifrar a si mesmo; a Esfinge sou eu. Eis um nó da parábola reportada acima: um urubu deve ser um urubu; um bem-te-vi deve ser um bem-te-vi, a metáfora dos animais é particularmente esclarecedora.

Qual a diferença entre nós, seres humanos, e o urubu ou o bem-te-vi? Os animais existem enquanto espécie na exata medida em que se distanciam das outras, um urubu mais se identifica consigo mesmo quanto mais se distancia do bem-te-vi e vice-versa. Nós, os seres humanos, nos diferenciamos uns dos outros quanto mais nos identificamos entre nós; um homem é tanto mais humano quanto mais se aproximar do outro, perder-se nele. Eis a contradição do homem, um ser que se realiza quando se externa.

Sou professor, escritor, torcedor de um time; me encontro nos outros com quem me identifico. Que alguém tente falar de si, fatalmente encontrará o outro. Quando digo que sou psicanalista, me afirmo pela negação, sou um conjunto de afirmações que não são minhas, para que esta minha identificação fosse possível foi necessário que existisse Freud, e com ele Breuer, Charcot, Bernheim, enfim, a humanidade inteira aninhada em minha formação. O mesmo é válido se eu afirmar que sou crítico de Freud. Não é necessário invocar uma teoria, basta comer uma maçã: quantos homens se interpõem, se fazem representar aqui: o agricultor, o fabricante de adubos, o agrônomo ou o ideólogo da alimentação natural. Sou também o que como, ou seja, o outro injetado, representado, indispensável na maçã que degusto.

Não é assim a sexualidade humana? O momento do orgasmo não é um momento de perda radical de si, fusão radical do outro e reencontro da minha individualidade fortalecida no final do processo? O prazer maior está exatamente na perda, no descobrimento do outro em mim, único caminho de construção da individualidade.

E o estudante universitário de que falamos? Que medo tem de perder-se! Quantas vezes se recusa sistematicamente a identificar-se com esta ou aquela posição teórica ou ideológica, ou política! Foge da identificação com o outro como o diabo foge da cruz, reivindica que um urubu permaneça sempre sendo um urubu, que um bem-te-vi continue idêntico a si próprio. Erige o animal em si como bandeira, elege a hominização como inimiga. Passa os melhores anos de sua formação inventando a si mesmo apesar do outro, e depois blasfema contra a falta de caminhos. No plano da formação intelectual, com a ajuda dos corpólatras que tem como mestres retira-se da universidade com a mesma formação com que entrou; nenhuma teoria, muito menos nenhuma crítica, no máximo criticólogo do livro que não leu. No plano sexual, advoga brilhante e irrestritamente a liberdade sexual e não goza; acredita piamente que a ausência de prazer, apesar da extensa discussão sobre a sexualidade, se resolverá, quem diria, com mais discussão sobre a sexualidade.

Definitivamente, o caminho para o encontro de si não está em si mesmo, a auto-reflexão é bela, produtiva quando coroa um processo de intervenção, se alimenta da magia da prática. Quando, ao contrário, substitui essa mesma prática se transformando no exercício fértil da paranóia fútil, o produto só pode ser um homem que não se conhece, que não tem identidade, que não tem prazer, ou seja, um homem que não atingirá nunca aquilo que todos os gurus da corpolatria prometem.

Também o estudante tem sido vítima de um golpe de ilusionismo, de um cheque sem fundos; prometeram-lhe o paraíso do prazer e o entregam à triste e desonrosa destruição diante do espelho.

A OUTRA ALIENAÇÃO

> "Bem-aventurados os que amam a si próprios, porque deles será o Reino dos Céus."

A corpolatria é uma doença fértil. Ocupa setores da classe média como se fosse uma panacéia para todos os males. Vimos que a corpolatria é produto de uma cisão do homem consigo mesmo, produzida pelo Capital, e também que o modo de produção capitalista engendra trabalhadores que não produzem, perdidos em si mesmos.

Voltemos ao culto do corpo, agora orientados pelo conceito de alienação.

Em primeiro lugar, ressalte-se que o processo da alienação que o capitalismo carrega em seu bojo não fica circunscrito ao produto e consumo, mas, ao contrário, se estende ao trabalho como um todo, tornando também alienado o gesto que nessas relações de produção se transforma em ações do corpo.

O gesto humano não é um gesto qualquer, carrega sempre um significado que transcende a ele mesmo. Quando acenamos com a mão, além dos condicionamentos que estão presentes em toda escala animal, nosso gesto incorpora um sentimento histórico, é significante, por exemplo, de um cumprimento, um reflexo de popularidade, um sinal de adeus, enfim, o mesmo ato se repõe constantemente em diferentes contextos, independentes do movimento do braço propriamente dito. Quando um rato em um laboratório de psicologia pressiona uma alavanca em busca de comida, essas ações dependem da presença desta, de um determinado estado motivacional e de uma aprendizagem anterior. Os nossos atos também, com a diferença de que eles se inserem imediatamente em uma outra realidade que os transcende, sendo portanto determinados por outras relações que não dependem de nossa própria existência. Em uma palavra, o gesto do homem transcende a si mesmo, tem sempre um significado de representação. Para nós que acenamos com a mão, esse outro gesto nos compõe, se incorpora à nossa identidade. Na alienação, esse "outro" em nós se perde, se distancia de nós mesmos, se apresenta como estranho. Nossos atos abandonam o seu autor.

Um funcionário, ao bater um carimbo, exerce uma função histórica imprescindível na roda-viva da sociedade contemporânea. Só que, para ele, que executa o gesto, o bater o carimbo torna-se um ato mecânico, animal, sem significado humano. É preciso encontrar de novo a hominidade da ação.

Na academia de ginástica o movimento reencontra seu destino; cada flexão de bíceps se reconcilia com o realizador, obtém um resultado imediato no espelho, é prenhe de realizações e por isso adquire importância. Os objetivos podem ser definidos e cumpridos pelo sujeito que o realiza, mostrado à sociedade com orgulho. Enfim, é um ato humano com todas as letras, capaz de realizar e representar, ou ainda realizar porque representa o homem perante seus pares.

A busca de uma prática alternativa representa para o protagonista uma luta cotidiana contra a alienação; *é a via encontrada para retomar o controle sobre os movimentos vendidos no trabalho*. Exatamente por isso, se consubstancia em um movimento estritamente individual, narcísico. Não foi a individualidade que foi roubada? Não estamos lidando, em última instância, com um indivíduo que deixou de ser sujeito? Nada mais justo do que retomar o sujeito *stricto sensu*. Se o trabalho carrega uma representação de si, se o trabalho alienado rouba também essa representação, o indivíduo só encontra espaço no espelho movimentando o bíceps ou os quadris. O projeto é cristalino: urge recompor o Eu perdido, o sujeito descarnado. Trata-se literalmente de reencarnação com toda a mística que podemos observar a olho nu nas casas de ginástica. É por isso que meros exercícios se apresentam ritualizados: um professor severo, um par de tênis importado, equipamentos complicados, etc., etc.

No entanto, nosso atleta constantemente desiste dos exercícios, salta do *jazz* para a musculação, desta para ginástica aeróbica, experimenta o ta-i-chin, uma verdadeira *via crucis* que não se coaduna com nossa explicação anterior. Se o nosso herói persegue no espelho a sua realização, por que é tão volúvel?

É que o processo de alienação se apresenta sempre com um duplo movimento; se por um lado incita a revolta, ao mesmo tempo se perpetua. O gesto sem o outro, animalizado, que o Capital inventou, repõe a revolta também animalizada, divorciada do outro. Se o nosso campeão se dignifica do alongamento dos músculos, ao mesmo tempo permanece solitário, desgarrado da sociabilidade. É por isso que se diz comumente que essas atividades são uma compensação à vida que levamos. Compensam em um duplo sentido: elas se apresentam como o avesso do trabalho e como outra alienação. No amplo espelho da academia aparece um outro homem livre da impotência perante o destino, só que o outro refletido sou eu refazendo a mesma imperturbável e imperturbada alienação. A corpolatria toma a forma de síntese mágica, um outro Outro que não sou Eu.

O que é triste nesse processo é a constatação de que a única transformação possível que ocorre com tanto esforço se restringe aos músculos do protagonista; em nenhum momento o gesto arranha a estrutura da produção. O fantasma da alienação segue incólume ou é alimentado pelo consumo desenfreado de aparatos e escolas, idêntico integralmente ao consumo de Coca-Cola. Ao invés de uma organização, da participação política, da consciência crescente sobre a urgência da mudança, nosso suarento personagem só é capaz de se apropriar de idéias toscas do tipo "cada um faz o que gosta". Ao invés de encontrar o Outro que perdeu, diverte-se com a própria imagem refletida.

Semelhante rota e semelhante destino encontram outra manifestação da corpolatria bastante em moda nos nossos tempos — a alimentação natural.

Destaquemos as diferenças antes que elas mesmas nos revelem as semelhanças. Ao contrário da transferência imediata da musculação, os defensores do arroz integral partem de uma sofisticada elaboração teórica que se apropria da fisiologia, bioquímica e não raro da sociologia. Graças aos naturalistas, sabemos hoje dos efeitos lesivos à saúde que o adubo químico carrega para dentro dos tomates vistosos, ou que o processo de refinamento dilapida os nutrientes no caso do arroz e promove a introdução de componentes nocivos no açúcar. Devemos a eles também a mudança de compreensão das "pragas" da lavoura, sabemos que em alguns casos favorecem e não prejudicam a plantação. Também somos gratos pelo melhor conhecimento da ecologia, etc.

Além da descoberta de formas alternativas de alimentação, se opera uma crítica ao imperialismo, denunciando o caráter autofágico das multinacionais que tomam para si a tarefa de matar a nossa fome. Não é apenas nessas áreas que é preciso render tributo ao sanduíche de alface; também na organização social temos novidades. Os naturalistas não se cansam de mostrar que o alimento é resultado de todo um trabalho. Algumas correntes condicionam seus adeptos não só ao consumo de produtos naturais mas também à produção deles. Em que pese o conteúdo um tanto quanto romanesco dessas preocupações, trata-se de reconhecer que o ato de apropriação se esvazia quando carente da produção que o completa. O ser humano reaparece como ser que produz, e o modo de produção como alternativo ao limitado pelo capitalismo. Circunscrevem-se relações sociais alternativas, trabalho alternativo, embutidos na comida alternativa.

No entanto, sem voltar a análise para a ingenuidade quase santa das formulações disponíveis no mercado, cabe-nos apontar a senilidade dessas propostas. Desde Walden o movimento naturalista sofre oscilações, desaparições e reaparições em cena como uma bóia num mar turbulento. São os *beatniks*, depois os *hippies*, a seguir a antipsiquiatria, as comunidades alternativas, os macrobióticos, eterna reposição dos mesmos pressupostos.

O que acontece com esses movimentos é sempre a mesma coisa: o movimento *hippie* terminou ("O sonho acabou") em indústrias de artesanato; a comida natural está sendo vendida pelas multinacionais de alimentos, o arroz integral pode ser encontrado bem embalado em qualquer supermercado. Enfim, o que se inicia como uma alternativa de salvação da humanidade se transforma em apenas uma alternativa a mais de consumo. De novo, o modo de ser alternativo metamorfoseado em modo de ser do Capital. A nossa contracultura, sempre reposta, parece estar predestinada ao exotismo bem-comportado. No entanto, uma maior sofisticação da corpolatria impõe uma maior sofisticação na análise.

Assim como o trabalho **contemporâneo** não se resume ao gesto, e portanto não se resolve pela ginástica, também a alimentação natural não se resolve numa relação mecânica entre produção e consumo. O capitalismo tem segredos que a razão naturalista desconhece. Marx revelou os meandros da sociedade capitalista; não cabe aqui reproduzi-lo, mas apenas ressaltar aspectos que a corpolatria naturalista esqueceu.

Ao transformar trabalho em mercadoria, o sistema capitalista resolve um problema e cria outros. É preciso que se gerem formas de manter o salário baixo, e a principal dessas formas é o exército industrial de reserva. Ao manter a oferta de braços maior do que a procura, o capital dispõe de controle sobre o salário e ao mesmo tempo inventa uma horda de desempregados e subempregados entregues à própria sorte. São necessárias instituições que os protejam da morte, caso contrário a seleção natural do pleno emprego se restabelece, o lucro se elimina pela pressão operária e o sistema sucumbe. Além de trabalho na reserva, é preciso uma bem montada máquina repressiva, capaz de lembrar, com os argumentos mais convincentes que a história já conheceu, a cada um o seu devido lugar. Isso tudo sem contar que o velho sonho do livre comércio como determinante das relações do Capital consigo mesmo é um sonho acabado. Essas e outras necessidades impõem como componente intrínseco ao desenvolvimento do capitalismo a presença forte e cada vez mais onisciente do *Estado*, na sintética definição de Lenin, o instrumento de opressão de uma classe sobre a outra.

Se o Estado encontra sua razão na economia, resolve seu cotidiano pela política; quer falemos do aparelho repressivo propriamente dito, quer das funções assistencialistas. O plano político pressupõe e realiza a representação e a organização, sem qualquer das duas faces a mesma intervenção social fica manca, roda em círculos, em torno de si mesma.

O que ocorre com o naturalismo ocorreu com o movimento *hippie*. Ao ser expropriado pela via do produto, o homem busca outra produção, ao sentir-se oprimido pelo Estado, nega-lhe o papel na reconstrução da sua utopia. Não é apenas uma coincidência o fato de todos esses movimentos primarem por uma certa característica anarquista, e o Estado e o Capital reaparecerem, como em qualquer sistema econômico, estreitamente ligados à semiconsciência. A revolta corpolátrica reconhece essa ligação sem abstraí-la do contexto econômico imediato, não percebendo que novas relações de produção implicam outra classe no poder, e portanto outro Estado (enquanto as classes sociais existirem). Ao contrário, o caminho que se toma é o mais fácil, a recusa pura e simples de qualquer Estado. Ora, ao inventar uma utopia que prescinde imediatamente do Estado, os românticos se obrigam a prescindir da política (homens organizados atuando sistematicamente contra as classes dominantes no poder, detentoras do Estado). Vêem suas ações, rigorosamente bem-intencionadas, engolfadas por um sistema social muito mais complexo e mais bem estruturado que o mero plantio comunitário de batatas pode imaginar, e acabam reencontrando seus produtos em qualquer butique da moda, enquanto suas palavras são apropriadas por qualquer populista de plantão. O sonho se acaba, porque é sonho, nasceu e permanece de olhos fechados.

No plano estritamente político, cabe responsabilizar também os partidos de fato revolucionários, que, historicamente, têm negligenciado essas questões do cotidiano e restringido sua intervenção, de um lado, à grande política e de outro, à denúncia *tout court* das determinações sociais na deterioração da qualidade de vida. O cidadão comum, alvo dos "ismos" da corpolatria, quer e precisa de muito mais, e aqui a pseudopolítica que os gurus do corpo fazem pelo estômago tem respostas concretas a oferecer. Não vamos aqui analisar as razões dessa omissão, seriam necessárias muitas linhas para cuidar do problema. Limitamo-nos à constatação de que, *pari passu* à ingenuidade política da corpolatria, ocorre a incompetência das forças organizadas e militantes.

Resta reconhecer na alimentação natural os mesmos limites que a cultura física apresentava: se de um lado é revolta e luta pela reapropriação do próprio destino, por outro incorpora uma noção mecânica de produção e consumo. Uma leitura mais complexa, sem dúvida, mas ainda cega, correndo o risco, fartamente confirmado pela história, de errar o alvo porque sequer enxergou o inimigo.

Mas não é apenas o risco do tiro no escuro que nos preocupa. Um tiro no escuro pode no máximo acertar o espelho, ferir o autor representado. Ao engendrar uma prática "alternativa", que é, em última instância, política, negando-se a assumir todas as consequências desse ato, o romântico sanduíche de alface assume o *status* da masturbação, auto-realização que se basta a si mesma, não fere o outro, não o transforma, se alija da história: poupa, se não incentiva, o inimigo real.

O movimento *hippie*, por representar um ciclo acabado, pode exemplificar melhor o que dissemos: o artesão, ao realizar no couro a própria sobrevivência, se sentiu mais livre, até o momento em que precisou de dinheiro para comprar o couro e de proteção contra o *lumpen* da época que lhe roubava as ferramentas. Com isso vê-se sujeito aos mecanismos financeiros de flutuação da moeda, passando a carecer de um excedente que só é possível com a apropriação do trabalho. Ei-lo contratando um aprendiz, depois outro, depois adquirindo uma Kombi, até que, em pouco tempo, está funcionando uma indústria de artesanato". Arruinou-se a liberdade, esmagada por dentro da rebelião.

Em uma palavra, o homem só faz história em condições dadas, são eles os limites da acomodação e da revolta. Por mais sujo que nos pareça este sistema, é preciso enfiar nele os pés, ainda que seja como condição para preservar a cabeça nas nuvens.

"Eu fazia *jazz*, depois passei a fazer musculação

e agora não sei se faço ginástica aeróbica ou tai-chin", palavras de uma consumidora típica da corpolatria. Eis algo que as atravessa como se fosse uma maldição; as várias manias surgem bombasticamente, prometendo resolver os problemas do homem e do mundo, apresentam-se como "alternativas", no sentido de "marginais às relações econômicas". Logo a seguir são comercializadas com qualquer "X-búrguer", ganham um espaço na TV e desaparecem em seguida sem deixar espaço, saindo pela porta dos fundos com a mesma sem-cerimônia com que ocuparam a sala. Foi assim com a ioga algum tempo atrás: os poucos aficionados que a praticavam seriamente antes do *boom* corpolátrico continuam exercitando-se, ainda que na ausência do carimbo "IN" e abandonada pelas madames de ocasião.

A mesma distância curta que separa ascensão e queda de uma forma de corpolatria marca o percurso entre a execração de uma delas e o aparecimento de outras. Rapidamente um novo guru errante é descoberto, seu Ibope salta meteoricamente e é meteoricamente substituído por outro. De onde vem essa dupla característica, a um só tempo o fôlego curto e sempre renovado?

Temos afirmado no curso deste trabalho que o homem se distingue do animal na exata medida em que transcende a si mesmo, se exterioriza. Ele é o que representa fora de si e porque representa fora de si, daí o trabalho tornar-se fatal no pro-

Se estas revistas são despudoradas é apenas porque a comercialização do corpo é realmente impúdica.

cesso de hominização. Vimos também que a alienação capitalista ousou romper o trabalho, divorciar o produto do produtor, arrancar o homem de si mesmo.

A transcendência usurpada pelo Capital abandona o homem solitário diante do espelho. Na ausência do Outro em si resta-lhe sua subjetividade, ao invés de criação, o tédio. Ora, exatamente a existência onipresente da mercadoria na sociedade capitalista e da transformação do trabalho humano em mercadoria indica os caminhos por onde ela se apropria de nós: para que a mercadoria sobreviva, precisa dispor constantemente de necessidade humanas. Como dissemos antes, o capitalismo é o único sistema que sobrevive apenas quando *não* atende à necessidade que gerou. Quando todos os cidadãos tiverem o que comer, a taxa de lucro das indústrias de alimentos cai por terra, sobrando ao *marketing* duas saídas: ou se organiza para que um nível equilibrado de fome permaneça ou inventa novas necessidades alimentares. Nesse exemplo, o Capital tem historicamente optado pelas duas alternativas ao mesmo tempo.

Dizíamos que o Capital sobrevive das necessidades e que a alienação abandona a necessidade de hominização por se realizar. É como assistir a um banquete acontecendo dentro de uma vitrine — o estômago encolhe, a salivação aumenta, mas não temos acesso à comida. Em suma, as necessidades que o próprio Capital impõe se transformam em um terreno fértil para o crescimento do próprio Capital. A corpolatria é o melhor exemplo dessa marca: ao roubar do burocrata a possibilidade do gesto, inventa um homem carente de ação e, em seguida, abre uma academia de ginástica e o cliente *paga pelo que vendeu*. Esse mecanismo é particularmente cruel. Vejamos o processo em câmara lenta.

O trabalho de hoje impede o encontro, reforça a competitividade, isola o cidadão de seus pares, dificulta sua organização social e política; embora o solilóquio contemporâneo encontre suas raízes nas relações de produção e consumo, se alastra pela sociabilidade humana. As relações imediatas com o Outro sofrem o mesmo destino, porque são filhas de um trabalho esquizofrenizado, crescem à imagem e semelhança dos pais, reproduzem a solidão que as gerou. Eis o Capital criando carências, fabricando necessidades. Ao encontrar-se solitário no trabalho, o indivíduo passa a necessitar cada vez mais da presença do outro a qualquer custo, assim a relação sexual deixa de ser a satisfação eventual dos instintos e passa a ocupar o centro do universo, questão de sobrevivência social imediata, única possibilidade de um encontro, modo exclusivo de repor o Outro em mim. Nós todos reivindicamos com razão o direito ao exercício da sexualidade, passamos a explorar minuciosamente todos os aspectos e significados, a lutar furiosamente contra a repressão que a ela se impõe: trepo, logo existo.

Eis aí uma necessidade nua, exposta despudoradamente no centro da mesa, eis um terreno novo por onde a mercadoria se instala; novas formas de exploração do Capital, outra expropriação. De início, algumas revistas marginais mimeografadas artesanal e clandestinamente, distribuídas à socapa, mas já no nascedouro mercadoria, fadada a gerar lucro porque comercializa as fantasias humanas. Ainda imberbe e já a antítese do que promete; ao invés do encontro que pulsa no coração do freguês, a fria solidão do banheiro.

Mesmo na pornografia artesanal já se manifesta o seu destino de mercadoria, no entanto seu caráter quase clandestino permite a incorporação do espírito da cumplicidade, emprestando a esta produção boa dose do romantismo que todos nós sempre procuramos: as pessoas de nossa geração se lembram com saudades dos "catecismos" de Carlos Zéfiro, que a turminha da esquina trocava avidamente. Maldita ironia, a aquisição do exemplar acabava sempre sendo mais realizadora do que a leitura, porque aí é que as nossas carências estavam sendo preenchidas.

Fatalmente, o mercado sorrateiro se realiza como prenúncio do mercado real, a censura caridosa que se faz à pornografia falece quando os lucros aumentam, e, num passe de mágica, nos encontramos todos um tanto perplexos e algo maravilhados ante uma multinacional do sexo, como é o caso da *Playboy*. Aqui a sexualidade aparece nua, francamente mercantilizada; se essas revistas são despudoradas é apenas porque a comercialização do corpo é realmente impudica.

O que aconteceu com aquela necessidade original do encontro, da paixão? A perda que determinou originalmente a busca da exploração da sexualidade continua exatamente onde estava, dentro de todos nós, pelas mesmas razões e com a mesma força. Deram então um passa-moleque; inventaram uma necessidade, compraram nossa carência, nos venderam ilusões; surge à esta altura uma outra necessidade, a de dar um tratamento mais sério e mais efetivo, menos *hard-core*, para o problema da sexualidade. A roda começa a girar outra vez. Novamente a abertura marginal de outros canais para a exploração da sensualidade. Talvez a bioenergética, que, apesar dos erros de interpretação que vem cometendo desde Reich, apresenta uma resposta humanizada (no sentido de antipornográfica) à questão sexual. Outra moda, outro *boom* da corpolatria. De repente, ao invés de uma investigação séria sobre as potencialidades do corpo humano e/ou do orgasmo, uma nova vulgarização grosseira, a incorporação pela mídia, uma nova mercantilização. Eis o ciclo sempre novo e sempre igual, o moinho de vento, gigante amedrontador mas fascinante, como queria Cervantes.

Onde está a saída? Toda tentativa de libertação do corpo é uma mera ilusão? Não! Não leia mais do que escrevemos, apenas demonstramos que o corpo do Homem, tal e qual o Homem mesmo, só se resolve fora dele.

Toda construção teórico-ideológica da corpolatria se baseia em um truísmo: cada olhar, cada gesto, cada palavra humana traz implícita a sexualidade, mas a despeito disso continuamos a buscar o prazer narcisicamente. Urge acrescentar que a sexualidade só se encontra consigo mesma exatamente em cada olhar, cada gesto e cada palavra, ou seja, é no outro, na sociabilidade, na história que o tão almejado prazer está e lá é que deve ser buscado. Assim, por exemplo, a luta pela democracia que a mulher ajudou a construir durante todos estes anos é prenhe de sensualidade, inundada de liberdade, e sensual porque libertária. Há mais libertação sexual em um comício pelas diretas do que em mil manuais de autoconhecimento do clitóris.

É PRECISO QUE AS COISAS MUDEM, PARA QUE PERMANEÇAM SEMPRE IGUAIS

"O corpo é onipresente e onisciente."

Na velha religião, a morte do corpo é prenúncio de vida eterna; Cristo veio ao mundo para sofrer, ser espezinhado, passar privações, fazer jejum. Sua morte representa a submissão de seu corpo físico, apresentada como condição *sine qua non* para a salvação: renunciar ao corpo é a via para a conquista da felicidade eterna, o Reino dos Céus.

Cristo era esquálido mas sábio, suas palavras calavam fundo no coração dos homens, os adeptos e mesmo os inimigos eram incapazes de resistir à pregação de suas idéias. Seus olhos transmitiam uma ternura infinita, poderosa o suficiente para afastar os homens dos prazeres do corpo (sinônimo de pecado) e convertê-los à castidade, ao amor pelas crianças e pelos que sofrem.

A morte do corpo para que o espírito se eternize foi amplamente utilizada pelas classes dominantes pré-capitalistas para manter a ordem social inalterada, os miseráveis submissos. O sacrifício do corpo, além de condição para o **alcance** da vida eterna, foi também condição ideológica imprescindível para que os servos morressem servos e os senhores morressem senhores. "A César o que é de César, e a Deus o que é de Deus."

A corpolatria, nova religião dos novos tempos, repõe a vida em outro sítio. Com a palavra, um de seus sacerdotes:

"A meta essencial da vida é o prazer e nunca a dor. Esta é uma orientação biológica, porque a nível corporal o prazer proporciona o bem-estar do organismo, e a própria vida. Como sabemos, a dor é vivida como ameaça à integridade do organismo, e então nos abrimos e saímos em busca de algo, espontaneamente, cuja natureza é o prazer". (Alexander Lowen, *Bioenergética*)

Ouçamos também uma **sacerdotisa**, menos respeitada na academia mas nem por isso menos atraente:

"A atividade sexual simboliza a procriação, o triunfo da vida sobre a morte. É através do sexo que os homens procuram amenizar a ansiedade gerada pela certeza da morte e do seu símbolo maior: a impotência. Daí a obsessão do homem com a sua potência. É o temor que o acompanha desde o nascimento e contra ele nada pode ser feito". (Marcia Moura, (R)*Evolução Sexual*)

A corpolatria é a religião católica pelo avesso, por isso outra religião; inverteram-se os sinais, a busca da felicidade eterna antes carregava em si a destruição do prazer, hoje implica o seu culto. Duas faces da mesma moeda. Antes, a razão se encontrava em antagonismo tácito contra o corpo. Hoje também. A diferença é que a razão era o Céu, o corpo o Inferno, e agora a razão passou a ser o Inferno e o corpo o Céu.

Igual destino sofreu o sexo. Madalena era objeto do desejo insólito de todos os homens da época, recebia-os furtivamente à noite, em segredo fazia-lhes as vontades, era execrada e apedrejada em praça pública: símbolo sexual, por isso símbolo da desonra, da devassidão. Para encontrar-se consigo mesma, alcançar a felicidade, se realizar enquanto pessoa, teve que abandonar os prazeres do corpo, tornar-se abstinente, arrepender-se do pecado de satisfazer os homens e a si mesma.

Roberta Close assumiu-se, posou nu para as revistas especializadas e ei-lo transformado em musa, símbolo do Nirvana contemporâneo, disputado em todas as esferas sociais. Eterniza-se em uma canção que o idolatra: "Até o sol se ressente, seus raios batem palmas pra ela".

Madalena e Roberta Close, assumiram seu verdadeiro destino e com isso conquistaram a eternidade. A primeira vestindo-se e o segundo despindo-se. Mesma sorte, mesmas artimanhas.

A Divina Comédia despe os inquilinos do Inferno, lá estão os lascivos, os glutões, os rufiões sedutores e aduladores, os prevaricadores e os trapaceiros:

"Ouvi que ali gemiam, padecendo,
Os réus carnais, aqueles que a razão
Ao apetite andaram submetendo". (Canto V, 37)

Dante apresenta os demônios quase homens e quase animais. Enquanto no Paraíso habitam seres vestidos e pudicos, os sábios, os contemplativos, os lascivos redimidos, os habitantes do Inferno, pelo contrário, são musculosos, sensuais, ostentam lanças apontadas, corpos em movimento.

Em síntese, a velha religião identificava sexo e inferno. E a corpolatria, o que diz a respeito do sexo?

Ou ainda:

"Uma descarga sexual satisfatória eliminará o excesso da excitação no corpo, reduzindo em grande medida o nível geral de tensão (...) A experiência de uma descarga sexual satisfatória deixa a pessoa sentindo-se calma, relaxada, freqüentemente sonolenta. A expe-

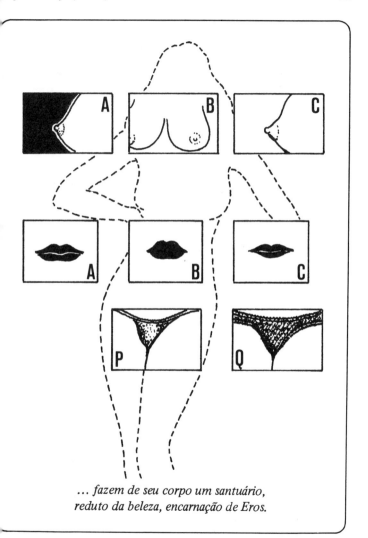

... *fazem de seu corpo um santuário, reduto da beleza, encarnação de Eros.*

riência em si é extremamente agradável e satisfatória. Poderá dar margem ao seguinte pensamento: *Ah! Então é disso que a vida se trata? É tão bom, tão certo!"*.
(Lowen)

Qualquer material pornográfico é prenhe de citações que enfatizam a felicidade conseguida através do envolvimento sexual "sem preconceitos", do sexo sem limites, em profusão. Na corpolatria, sexo é o Paraíso, impotência ou abstinência é o Inferno. Dante no espelho outra vez, tão semelhante e tão inverso. Outros deuses, outro credo, ainda fanatismo.

Na concepção do papel da mulher na sociedade, as coisas se passam assim: a Bíblia procura prevenir os adeptos do cristianismo contra a mulher, não deixando dúvidas sobre como devem considerá-la:

"Não entregues a alma para o domínio de tua mulher, para não acontecer que ela usurpe tua autoridade e fiques humilhado;

Toda mulher que se entrega à devassidão é como o esterco que se pisa na estrada;

Muitos, por haverem admirado uma beleza desconhecida, foram condenados, pois a conversa dela queima como fogo". (Eclesiastes, 9, 1-3)

"Toda malícia é leve comparada com a malícia de uma mulher; que a sorte dos pecadores caia sobre elas!"
(Eclesiastes, 25, 26)

As feministas já mostraram o papel que a mulher ocupava, a opressão a que estava e deveria estar submetida, símbolo do pecado e condenada à negação de si mesma. Historicamente, é indissociável a luta pela libertação da mulher com a luta pela libertação do corpo. Ambos se apresentam, e com razão, como parcelas indissociáveis de um mesmo projeto.

Se for possível isolar da análise seu caráter moral, deixar de reconhecer a flagrante injustiça com a mulher que se tem feito através dos séculos, resta ainda a considerar a cisão entre o homem e a mulher reapresentada na religião: o homem criado à imagem e semelhança de Deus, a mulher produto e fonte do pecado, reencarnação do demônio.

Na corpolatria, a mulher é endeusada; o exemplo mais grosseiro é a profusão de publicações *que fazem do seu corpo* um autêntico santuário, reduto da beleza e da felicidade, encarnação de Eros — "Eu quero gozar no seu Céu, pode ser no seu Inferno, viver a Divina Comédia humana, onde nada é eterno". (Belchior)

Marcia Moura sai na vanguarda da corpolatria, deve vir daí o seu sucesso:

"Há duzentos anos atrás os revolucionários franceses não poderiam imaginar que dois de seus lemas, 'Liberdade e Igualdade', seriam utilizados por nós, mulheres, como fundamento para acabar com a opressão secular dos homens e passar a usá-los da mesma forma como sempre fomos usadas. Um sapo que os homens têm de

> engolir (em compensação pela multidão de sapos que a gente tem de beijar antes de encontrar nosso príncipe encantado). A culpa é deles. Quem manda fazer revolução? Agora agüentem a nossa!
> Que demorou, mas chegou. Finalmente é a nossa vez".

A mágica é simples, antes a mulher ocupava um papel central na existência da humanidade mas permanecia oprimida, impossibilitada da decisão sobre os destinos do mundo. Hoje, a mulher continua ocupando um papel imprescindível, e continua impedida de intervir na nossa sorte, antes e hoje a mesma opressão, pelas mesmas razões. O catolicismo de ontem estigmatizou-a como o demônio, e a corpolatria de hoje estigmatiza-a como musa, dona da sensualidade, do Paraíso.

Estamos diante de uma religião, em todas as suas letras, com todas as implicações e todo o fanatismo que lhe é inerente. Uma outra religião que toma como sagrado o que foi profano e erige outros templos fora das antigas igrejas. Ambas grávidas da esperança dos homens, as duas traidoras, comerciantes da ilusão.

A inversão que a corpolatria revela quando comparada ao catolicismo não é apenas conceitual e/ou ideológica, tem seus desdobramentos também na intervenção social que realizam. Na virada do século, Sigmund Freud apontava a religião como sintoma de psicopatologia coletiva. Wilhelm Reich, radicalizando as propostas da psicanálise, não só denunciava o caráter intrinsecamente alienado da religião, como também propunha o corpo como instrumento de ação revolucionária — a política do corpo, recém-nascida, se engajava ativamente na luta contra o fascismo. Reich fundou e deu dimensões contestatórias à *sexpol* com os objetivos de

> "conciliar as descobertas da psicanálise com uma práxis revolucionária, fazendo com que isso seja útil ao proletariado, e conseguir que este lute pela sua emancipação econômica e política ao mesmo tempo que pela sua liberação sexual",

ao mesmo tempo que procurava deixar claro que a autêntica libertação sexual só seria atingida em um sistema que não oprimisse o homem pelo homem.

No mesmo período, Bertolt Brecht, também comunista, escrevia "Galileu Galilei", um belo manifesto denunciando sem meias palavras o vínculo de cama e mesa que a religião mantinha com os poderosos, seu papel ativo na eliminação, inclusive física, de qualquer tentativa progressista que pudesse comprometer o equilíbrio de forças políticas. A religião mostrava uma face exclusivamente conservadora, não só por prometer o inferno a quem ousasse observar mais atentamente o próprio sexo, como também, e principalmente, por zelar pelo seu rebanho para que o povo jamais buscasse outra felicidade que não a atingida pela morte.

A corpolatria insurgente se apresenta revolucionária; a religião, hóspede do poder, como contra-revolucionária. Hoje a corpolatria não se cansa de propugnar a luta pelo prazer e o abandono da política: Woody Allen, em *O Dorminhoco*, trava o seguinte diálogo com a sua mais recente "transa": "Não acredito em saídas políticas". Ela: "Você acredita no que, então?". Ao que ele respondeu: "Em sexo e morte".

Politicamente falando, os gurus da corpolatria terminam formulando um *imbroglio* anarquista que professa a necessidade da revolução do homem para consigo mesmo. Franzindo o nariz à política e a revolução social *stricto sensu*, apontam a transitoriedade e hipocrisia da política burguesa como imanente a qualquer política; gostam de repetir que no socialismo já conquistado por vários povos a mudança foi apenas formal, sem de fato libertar o homem, como se o direito à educação, alimentação e moradia democratizadas não passassem de uma balela. O importante, insistem, é a liberdade compreendida no sentido estritamente individual, cada um faz aquilo de que gosta, come o que e quem gosta.

Enquanto a corpolatria se esforça por ser cada vez mais fútil, parcela cada vez mais significativa da religião católica adere às recentes reflexões de Puebla e Medellin. Concretizando a "opção pelos pobres", transformam a sua práxis anteriormente contemplativa, ajoelhada pelos cantos. Professando e exercendo uma ação social cada vez mais conseqüente, no Brasil os católicos tiveram um papel essencial nas lutas políticas mais significativas dos últimos anos: a anistia, as eleições diretas e agora a Constituinte. Organizam a população em Comunidades de Base, incentivam a opção política de seus adeptos defendendo a perspectiva de que, sem o engajamento político — a "opção", o homem não se realiza, não se encontra com sua transcendência.

Mesmo o catolicismo, que tem na vida eterna a tentação cômoda de operar uma mera substituição da vida e de luta, percebeu nos últimos anos que se autocondenaria à destruição se insistisse em permanecer afastado da vida concreta do seu rebanho.

Não se encontrou a felicidade entregando a alma a Deus e o corpo à destruição da vida cotidiana, não se encontrará o prazer enquanto o narcisismo fútil ousar substituir a vida.

OUTRO ÓPIO DO POVO?

Freud nos ensina que a neurose obsessiva é produto de uma ansiedade que permanece por não encontrar as causas e, portanto, os meios de se transformar em ação efetiva. Se sou incapaz de assumir uma postura altiva em meu trabalho que possa diminuir efetivamente o grau de submissão em que me encontro, posso desenvolver uma série de comportamentos alternativos como por exemplo, a resolução de um quebra-cabeças, que significa *a priori* a retomada do controle que perco no trabalho. Um *hobby* saudável, mas, porque não resolve a contradição que lhe deu origem, corre o risco de se tornar doentiamente perfeccionista e repetido até a exaustão, operando uma inversão: se nasceu para relaxar minha ansiedade, agora a intensifica provocando o avesso do problema que se propôs resolver.

Essa dialética Freud a encontra reproduzida na religião, produto de uma ansiedade coletiva que se torna produtora de mais ansiedade coletiva: "Depois de assinalar estas coincidências poderíamos arriscar-nos a considerar a neurose obsessiva como a correspondente patológica da religiosidade; a neurose, como uma religiosidade individual, e a religião, como uma neurose obsessiva universal". (Freud, *Atos obsessivos e práticas religiosas*)

Ora, não é exatamente isso que acontece com a corpolatria? Não me dirijo a uma academia de ginástica originariamente em busca de uma realização do corpo que o trabalho roubou? São os mesmos motivos que me empurram ao culto do corpo, o que antes se apresentava como uma prática alternativa se reapresenta por essa mesma razão como fanatismo, produzindo a ansiedade, eterna promessa não cumprida. Impondo uma radicalização dela mesma, transforma-se no único motivo, carrega de forma radical para dentro do sujeito a ansiedade que se propunha resolver. A *esperança* que determinou o processo é sempre reposta adiante, o sentimento de vazio que a corpolatria promove só poderia ser superado com mais corpolatria e assim infinitamente, até a destruição.

É por isso que a pornografia se inicia com fotos românticas de nus sensuais, descamba rapidamente para uma obsessiva exposição da genitália, e nos últimos dias tem explorado comercialmente o sadomasoquismo, da excitante exposição do corpo humano (sempre belo) à destruição do outro pelo sexo.

Freud, como a maioria dos psicólogos de sua época, escraviza a compreensão dos fenômenos aos limites do próprio sujeito que investiga. O processo terapêutico se reduz a uma sala, um divã e em média 10 anos de tratamento centrado na história do indivíduo. Parte do indivíduo, se mantém nele e sonha em explicá-lo, subestimando as determinações sociais e econômicas do problema. Quem rompe esse círculo vicioso é Marx, que aborda os mesmos problemas com uma visão holística reintegradora do indivíduo a partir da coletividade.

Vejamos o que ele nos diz sobre a religião:

"A religião não faz o homem, mas ao contrário, o homem faz a religião (. . .) A religião é a autoconsciência e o auto-sentimento do homem que não se encontrou ou já se perdeu. Mas o homem não é um ser abstrato, isolado do mundo. O mundo é o mundo dos homens, o Estado, a sociedade. Este Estado, esta sociedade, engendram a religião, criam uma consciência invertida do mundo, seu compêndio enciclopédico, sua lógica popular, sua dignidade espiritualista, seu entusiasmo, sua sanção moral, seu complemento solene, sua razão geral de consolo e de justificação. É a realização fantástica da essência humana, porque a essência humana carece de realização concreta".

Que é a corpolatria senão a tradução fantástica do individualismo que o Capital promoveu, da futilidade que o consumo contemporâneo impôs, da esperança de um homem que não se encontra no seu próprio trabalho ou que já se perdeu nele? O que visa a corpolatria senão a busca de uma essência humana mágica porque o sistema rompeu com a essência humana concreta?

A miséria da corpolatria, assim como a miséria da religião, é "de um lado a expressão da miséria real, e de outro o protesto contra ela, e a religião é o soluço da criatura oprimida, o coração de um mundo sem coração, o espírito de uma situação carente de espírito. É o ópio do povo".

Os fanáticos da corpolatria inventam através do prazer o mesmo individualismo de que estão fugindo, expõem sua miséria real enquanto protestam contra ela, arrastam para dentro de si a ausência de espírito que encontraram no mundo. A corpolatria é o ópio da classe média.

É hora, se já é tarde, de perseguir de maneira conseqüente, consciente, um corpo saudável. É hora, e já é tarde, de buscar o prazer, sem medo e a qualquer custo. É a hora e a vez da integração biológica e espiritual do homem.

Por isso e só por isso, é urgente destruir o inimigo ali onde ele está. Se o trabalho roubou a sensualidade, é o trabalho que deve devolvê-la; se a política impôs a opressão, é ela que deve conduzir à liberdade; se a alienação inventou o espelho, é a militância organizada que pode quebrá-lo. Vamos de uma vez por todas buscar o encontro do homem consigo mesmo, ou seja, fundi-lo com o outro, com o mundo, com a história, e vamos todos juntos em busca da felicidade.

INDICAÇÕES PARA LEITURA

A plataforma de lançamento para a discussão feita neste texto pode ser encontrada nos seguintes livros: *O que é Alienação*, de Wanderley Codo (Brasiliense, 1985), e *Psicologia social — O homem em movimento*, organização de Wanderley Codo e Sílvia Lane (Brasiliense, 1984).

O que fizemos, em última instância, foi uma problematização da teoria da alienação. O leitor encontrará o problema tal e qual é definido pelo próprio Karl Marx nos seguintes textos de *Obras Escogidas*, de Marx e Friedrich Engels (Moscou, Ed. Progresso, 1978): "Manuscritos Economicos y Filosóficos", vol. 1: "La Ideologia Alemana", vol. 1; "El Capital", Livro I, vol. II.

Quando recorremos a Sigmund Freud, utilizamos os seguintes trabalhos publicados nas *Obras Completas* (Madri, Biblioteca Nueva, 1973): "El 'Yo' y el 'ello'", vol. III; "El Porvenir de una Ilusión", vol. III; "Esquema del Psicoanalisis", vol. III; "La Introducción al Narcisismo", vol. III: "Los Actos Obsessivos y las Prácticas Religiosas', vol. II.

Sobre os autores

Wanderley Codo nasceu em 1951, é psicólogo e Doutor em Psicologia Social pela PUC-SP, organizou e é co-autor de *Psicologia Social — O Homem em movimento* publicado pela Brasiliense em 1984. Escreveu *O que é Alienação* pela mesma editora em janeiro de 1985. É professor de Psicologia Social na USP (Ribeirão Preto).

Wilson Alves Senne é psicólogo pela UNESP-Assis. A psicopatologia como primeiro interesse levou-o às leituras de Freud e antipsiquiatria. Obrigado a considerar fatores sociais nos fenômenos que estudava, emprestou algumas noções da economia política.

Este primeiro trabalho revela essa orientação.

Fez mestrado em educação pela Federal de São Carlos, SP.